Philippe Schuwer et Dan Grisewood

ont créé cette collection.

Mike Benton a écrit ce livre

avec les conseils de Brian Williams et Daphne Ingram.

Hervé Lelièvre, paléontologue, l'a traduit.

Camilla Hallinan et Odette Dénommée ont coordonné l'édition.

Marion Appleton, Bob Bampton, Richard Draper, Tim Hayward, Tony Kenyon,

Terence Lambert, Shirley Mallinson, Robert Morton

et Ann Winterbotham ont illustré ce livre,

d'après une maquette de Brian Robertson.

Annie Botrel a assuré la fabrication,

Isabelle Dupré et Françoise Moulard la correction.

MA PREMIÈRE ENCYCLOPÉDIE

LAROUSSE - 17, RUE DU MONTPARNASSE - 75298 PARIS CEDEX 06

© Larousse, 1993. Tous droits réservés.
Illustrations © Larousse/Grisewood
& Dempsey Ltd., 1993.
© Larousse -Bordas, 1997
Toute reproduction, par quelque procédé que ce soit,
de la nomenclature contenue dans ce présent ouvrage
et qui est la propriété de l'Éditeur,
est strictement interdite.
Distributeur exclusif au Canada : les Éditions françaises Inc.
ISSN en cours d'attribution
ISBN 2-03-651808-7

Réalisé par Compo Rive Gauche, Paris.
Photogravé par Waveney Typesetters, Norwich.
Imprimé par Canale, Turin.
Dépôt légal : septembre 1993.
Imprimé en Italie (Printed in Italy)
651808 07. Mars 1998

Les dinosaures

Entrons dans ce livre

IL Y A TRÈS LONGTEMPS
Connaître les dinosaures 8
Le monde d'alors 10
Les traces des dinosaures 12
L'étude des dinosaures 14

DIFFÉRENTS DINOSAURES
Des lézards terribles 16
Gigantesques et petits 18
Une peau écailleuse 20
Deux grands groupes 22
Les espèces de dinosaures 24
Sais-tu que… 26

LA VIE DES DINOSAURES
Où vivaient-ils ? 28
Mâles et femelles 30
Des nids et des œufs 32
Les bébés dinosaures 34
Vivre en meutes 36
Le cri des dinosaures 38

Se nourrir	40
Les herbivores	42
Les carnivores	44
À la chasse	46
Pour se défendre	48
Adroits ou stupides ?	50
Courir, marcher	52
Sang chaud, sang froid ?	54
La nuit	56
Sais-tu que…	58

L'ÉVOLUTION

L'apparition de la vie	60
Les premiers animaux	62
Les premiers poissons	64
Les premiers amphibiens	66
Les premiers reptiles	68
Les reptiles marins	70
Que mangeaient-ils ?	72
Un très long cou	74
La tête ou la queue ?	76
Tortues et crocodiles	78
Les reptiles volants	80
Des ailes sans plumes	82

Les géants des airs	84
Est-ce un oiseau ?	86
Apprendre à voler	88
Les oiseaux de mer	90
Sais-tu que…	92

APRÈS LES DINOSAURES

La fin des dinosaures	94
Pourquoi ont-ils disparu ?	96
Une grande catastrophe	98
Premiers mammifères	100
Herbivores et chasseurs	102
L'âge glaciaire	104
Sais-tu que…	106

DÉCOUVRIR LES DINOSAURES

Les chasseurs de fossiles	108
Qu'est-ce qu'un fossile ?	110
Fouiller le sol	112
Reconstituer un dinosaure	114
Des musées à visiter	116

Cherchons de A à Z	117

Il y a très

longtemps

Connaître les dinosaures

Personne n'a jamais vu de dinosaures vivants. Mais tu peux voir leurs vrais squelettes ou leurs reconstitutions grandeur nature dans les musées.

Les dinosaures ont vécu il y a des millions d'années. Mais ils ont disparu à tout jamais.

deinonychus (reconstitution)

tête de tyrannosaure (reconstitution)

Le monde d'alors

Ce dessin représente des dinosaures en Amérique, il y a 150 millions d'années. Si l'allosaure pouvait manger le stégosaure, l'énorme brachiosaure, lui, n'avait rien à craindre de personne !

brachiosaure

Au temps des dinosaures, il n'y avait encore aucun homme sur la Terre et la forêt recouvrait tout. Mais les dinosaures ont laissé différentes traces qui nous permettent de les connaître.

Les traces des dinosaures

Nous connaissons les dinosaures grâce à leurs os, qui se sont bien conservés. Mais il existe d'autres traces, qui aident les scientifiques à savoir à quoi ressemblaient les dinosaures et comment ils vivaient.

Il y a des millions d'années, des empreintes de leur peau se sont marquées dans de la boue, qui s'est ensuite durcie en pierre.

De nouvelles découvertes changent nos idées sur les dinosaures. En 1853, on croyait que l'iguanodon avait une corne sur le nez.

Les dents et les griffes nous font comprendre comment mangeaient les dinosaures. Les empreintes de pas nous donnent la forme de leur pied.

On a même trouvé des œufs et des nids. Parfois, les œufs contiennent encore le squelette d'un bébé.

On sait aujourd'hui que la corne se trouvait sur le pouce. Elle devait servir à déchirer les feuilles épaisses des arbres.

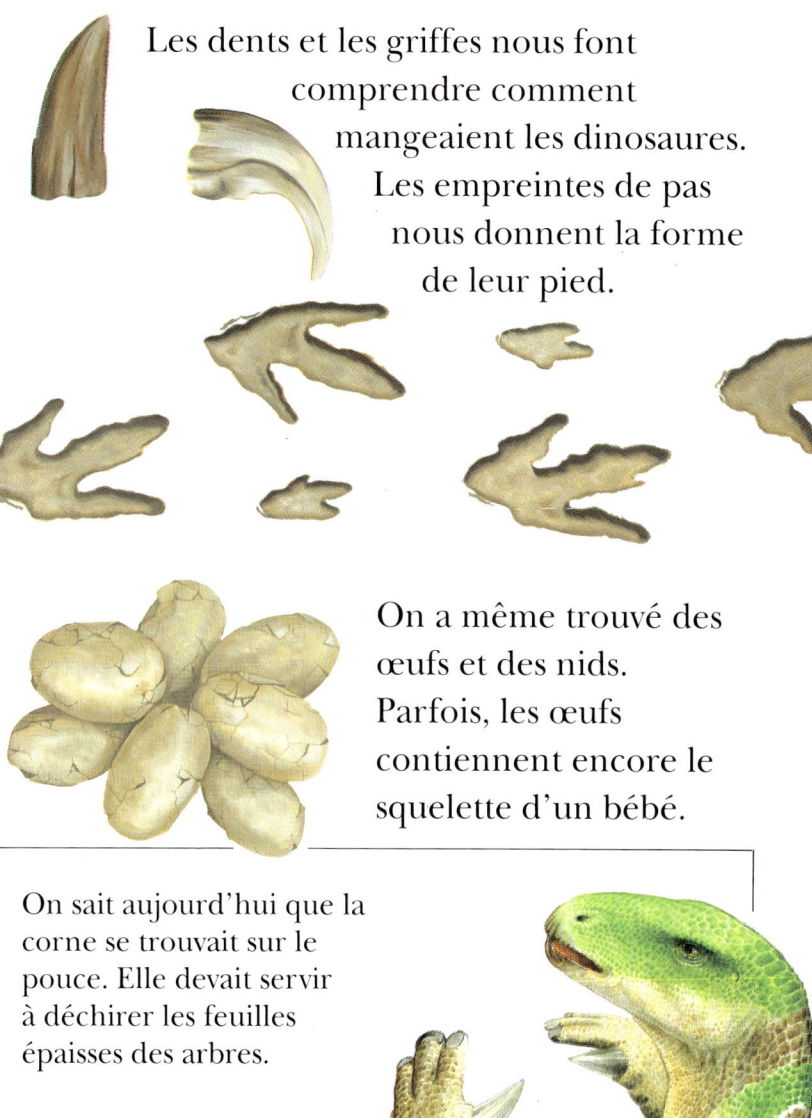

 L'étude des dinosaures

Les os des dinosaures sont conservés dans la roche. Des savants, les paléontologues, déterrent ces fossiles et les étudient.

Les paléontologues nettoient et réparent les os, puis essaient de les assembler pour reconstruire les dinosaures. C'est un travail long et minutieux car les os sont devenus très fragiles. Il est possible de donner l'âge des os d'après celui des roches qui les contenaient.

Différents

dinosaures

Des lézards terribles

L'un des tout premiers dinosaures qui apparurent sur la Terre fut le coelophysis. Il vécut il y a environ 220 millions d'années. Les scientifiques ont nommé cette époque le trias. Il régnait partout un climat de pays chaud. Le coelophysis avait la taille d'un enfant de 10 ans.

Comme tous les reptiles, le coelophysis avait une peau écailleuse et pondait des œufs.

Les lézards, les serpents et les crocodiles sont des reptiles que tu peux voir aujourd'hui.

Le mot latin *dinosaurus* signifie « terrible lézard ». Comme les lézards, tous les dinosaures étaient des reptiles.

Gigantesques et petits

Le séismosaure était le plus grand dinosaure. S'il vivait encore et si tu te trouvais au bout de sa queue, tu pourrais à peine voir son museau. *Seismosaurus* signifie « celui qui fait trembler la terre ». Le séismosaure devait peser presque 90 tonnes.

diplodocus

Avec ses 27 mètres de long, le diplodocus était l'un des plus grands dinosaures : l'équivalent de près de 6 voitures, pare-choc contre pare-choc.

compsognathus

séismosaure

brachiosaure

tyrannosaure

Le brachiosaure, le séismosaure et le diplodocus ne mangeaient que des plantes : ils étaient herbivores.

Le tyrannosaure mangeait d'autres animaux :
il fut le plus grand carnivore de tous les temps.
Le compsognathus était aussi un carnivore,
mais il avait la taille d'un dindon.

Une peau écailleuse

Les scientifiques calculent la taille des dinosaures à partir de celle de leurs os. Personne n'a jamais trouvé une peau de dinosaure. Mais, parfois, la roche en a conservé une empreinte.

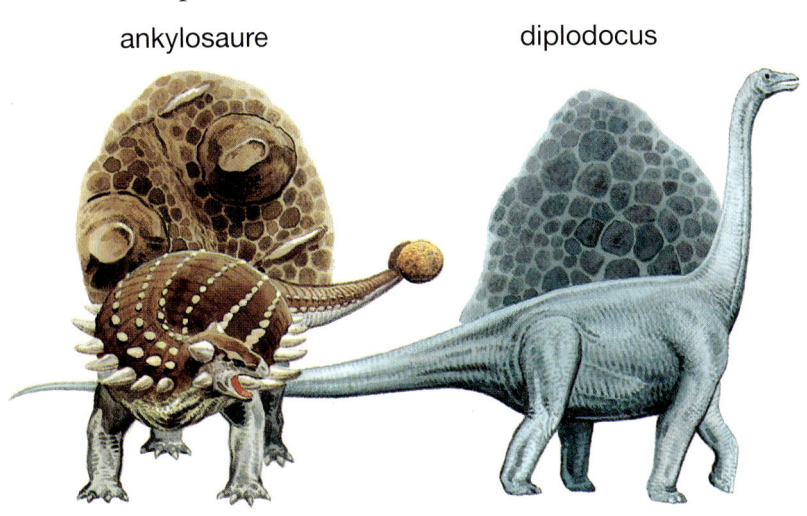

ankylosaure

diplodocus

Certains dinosaures avaient des écailles épaisses très rugueuses, d'autres étaient recouverts d'écailles fines. Les empreintes de peau conservées dans la roche n'ont pas de couleur.

Certains dinosaures avaient peut-être des couleurs brillantes, comme le serpent corail, pour effrayer les carnivores, ou des couleurs neutres, pour mieux se cacher.

serpent corail

vipère du désert

lézard à collerette (femelle)

Des couleurs différentes servaient peut-être à distinguer les mâles des femelles.

lézard à collerette (mâle)

bébé alligator

La couleur des dinosaures changeait peut-être lorsqu'ils grandissaient.

alligator adulte

Deux grands groupes

D'après les os de leur bassin, les dinosaures sont classés en deux groupes :
les saurischiens et les ornithischiens.

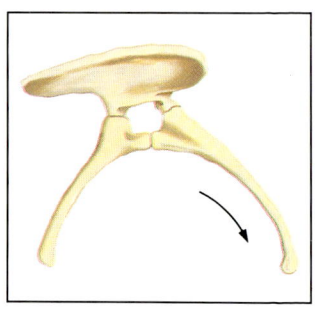

bassin de saurischien

Saurischien signifie « à bassin de lézard ».

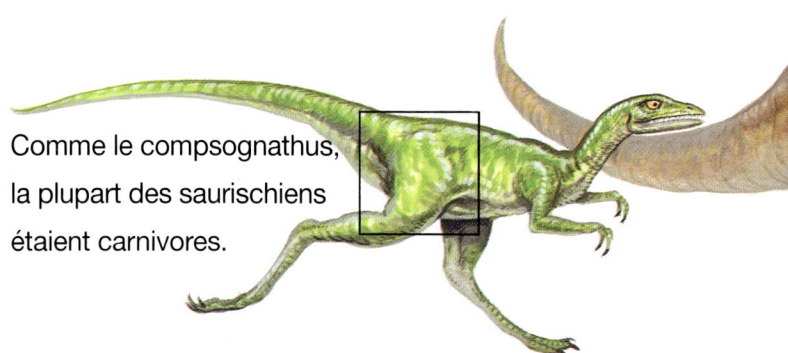

Comme le compsognathus, la plupart des saurischiens étaient carnivores.

Chez les saurischiens, l'os situé à l'avant du bassin est dirigé vers le bas ; chez les ornithischiens, il pointe vers l'arrière.

22

bassin d'ornithischien

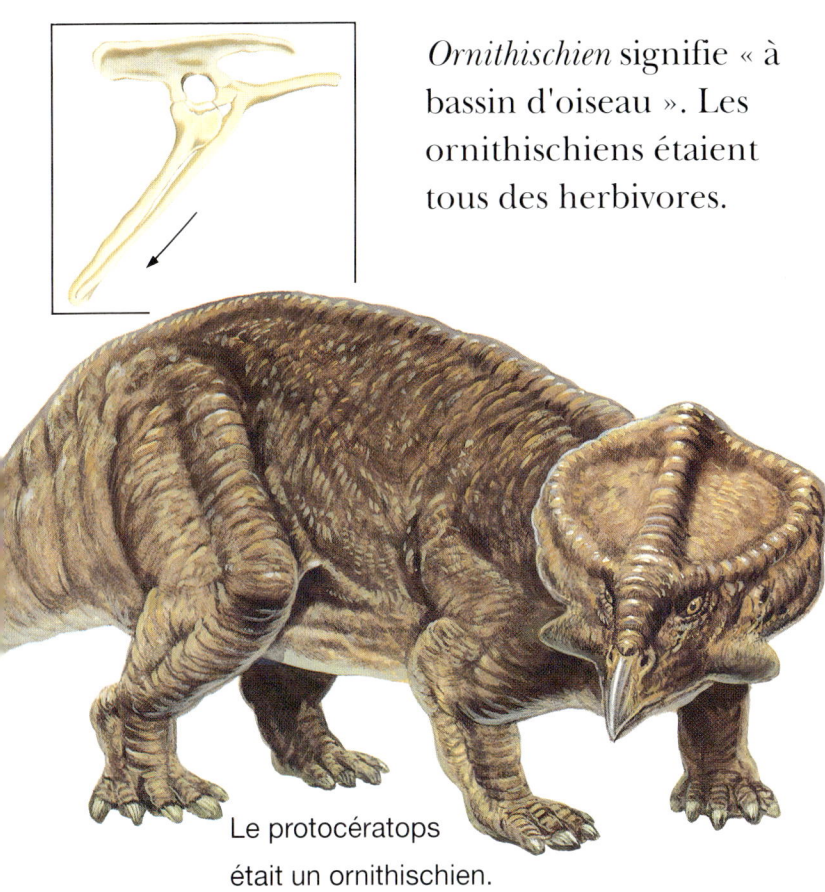

Ornithischien signifie « à bassin d'oiseau ». Les ornithischiens étaient tous des herbivores.

Le protocératops était un ornithischien.

Les paléontologues ont découvert 600 espèces de dinosaures, dont 200 sont des saurischiens et 400 des ornithischiens.

Les espèces de dinosaures

Il existe de nombreuses espèces de dinosaures. Les 2 principaux groupes sont donc divisés en groupes plus petits.

Le groupe des saurischiens comprend les théropodes, carnivores, et les sauropodomorphes, herbivores.

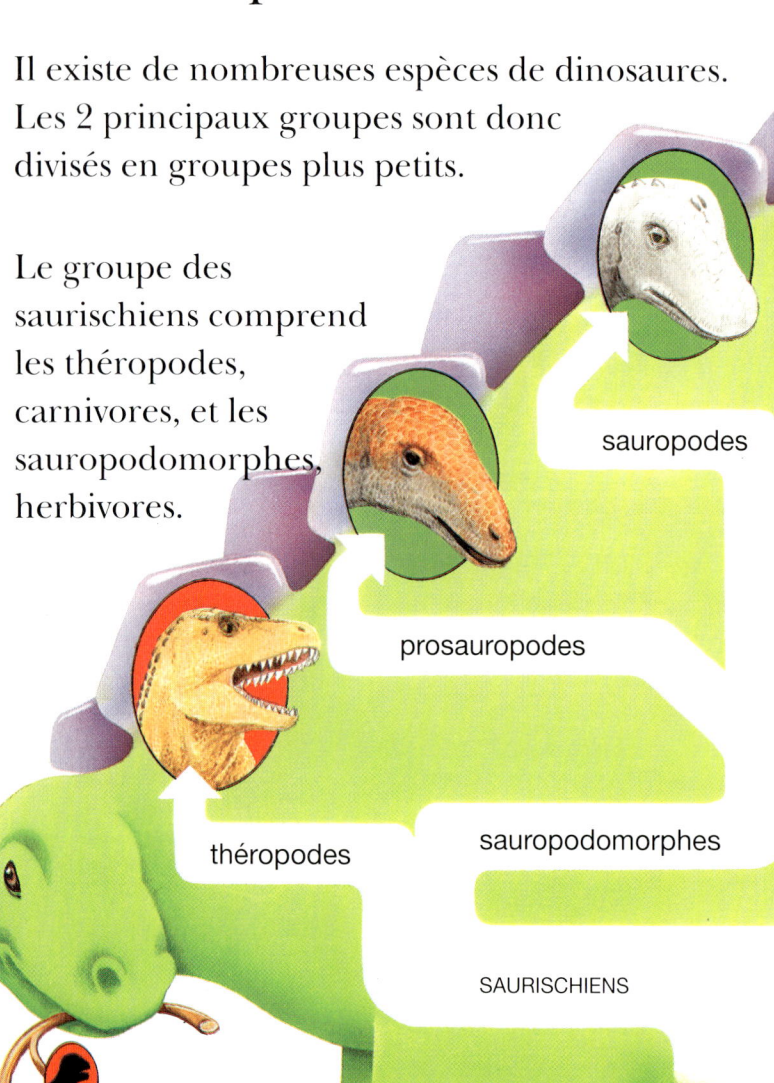

sauropodes

prosauropodes

théropodes

sauropodomorphes

SAURISCHIENS

Le groupe des ornithischiens se divise en cinq catégories : les ankylosaures, les stégosaures, les ornithopodes, les cératopsiens et les pachycéphalosaures.

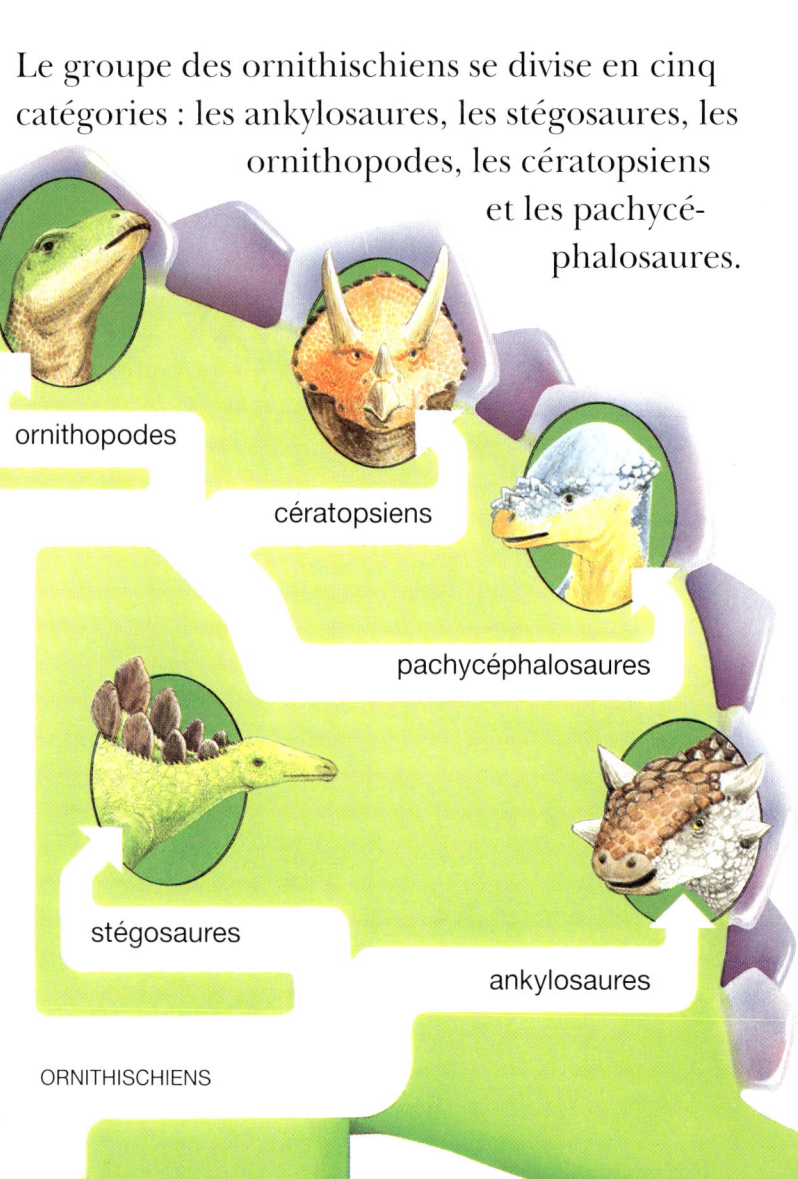

ornithopodes

cératopsiens

pachycéphalosaures

stégosaures

ankylosaures

ORNITHISCHIENS

Sais-tu que...

Richard Owen inventa le nom de dinosaure en 1842. À cette époque, trois espèces étaient connues.

Environ dix nouvelles espèces de dinosaures sont découvertes chaque année dans le monde.

Le plus ancien dinosaure a été appelé éoraptor. Il vivait il y a 235 millions d'années et ne mesurait qu'un mètre de long. C'était un carnivore féroce.

Le nom d'éoraptor veut dire « le premier voleur ».

Certains scientifiques se demandent si les plus gros des dinosaures n'avaient pas plusieurs cœurs pour pomper le sang dans tout leur corps.

La vie des

dinosaures

Où vivaient-ils ?

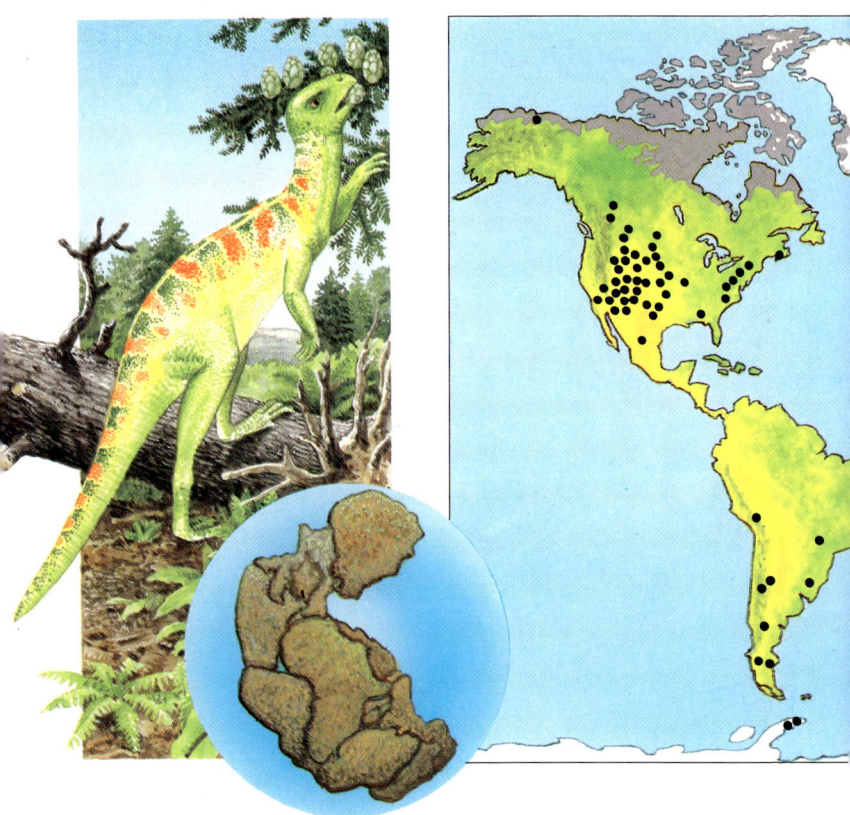

Des os d'hypsilophodon ont été trouvés dans l'Antarctique, en Australie et en Angleterre. En effet, à l'époque où l'hypsilophodon vivait, il n'y avait qu'un seul grand continent qu'on appelait la Pangée.

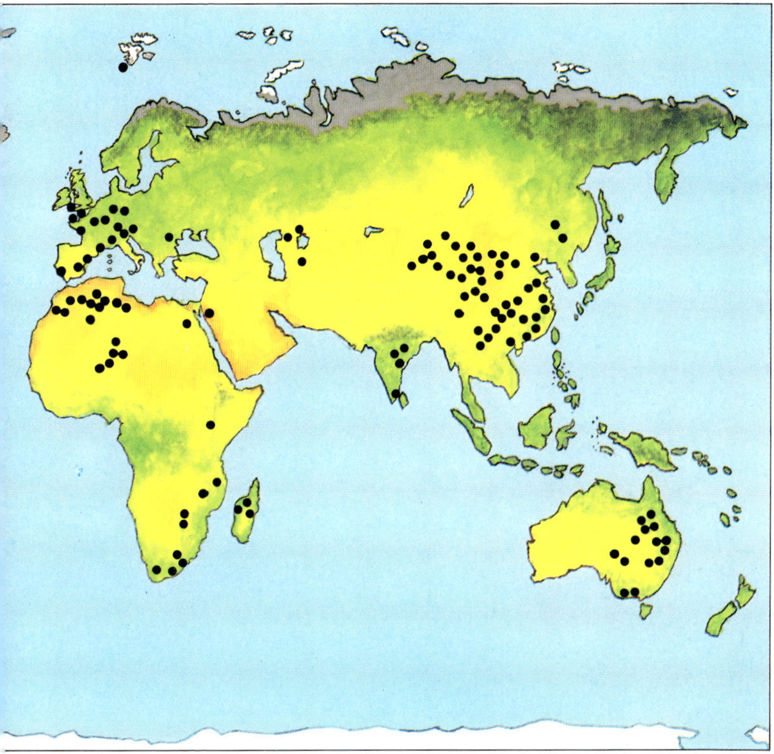

Les dinosaures vivaient sur toute la Pangée.
Et donc leurs os furent découverts sur tous les
continents qui la formaient. Les points sur cette
carte t'indiquent où des restes de dinosaures
ont été mis au jour.

29

 # Mâles et femelles

Le parasaurolophus portait une crête. Celle du mâle était plus longue que celle de la femelle. Les dinosaures mâles utilisaient leurs crêtes et leurs cornes pour que les femelles les remarquent.

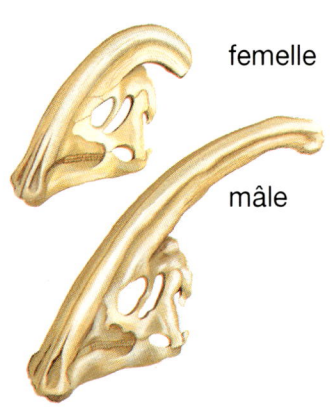

femelle

mâle

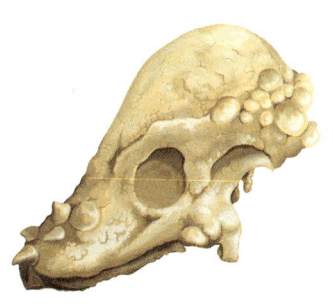

Le pachycéphalosaure avait un crâne très épais. Les mâles combattaient front contre front pour posséder une femelle, comme les mouflons.

Des nids et des œufs

Des découvertes ont confirmé que les dinosaures pondaient des œufs, comme les reptiles aujourd'hui.

La femelle maiasaura grattait le sol pour creuser un grand nid, où elle pondait jusqu'à 30 œufs.

Elle le recouvrait de feuilles, de fougères, et de terre. Cela formait une sorte de terreau qui maintenait les œufs au chaud. Il fallait ensuite les protéger des carnivores affamés. Les œufs devaient éclore au bout de trois mois.

D'autres maiasauras construisaient leur nid à proximité, de façon à surveiller leurs œufs à tour de rôle.

Les bébés dinosaures

Les scientifiques croient savoir à quoi ressemblait un bébé dinosaure encore dans son œuf.

bébé dans l'œuf

Les bébés de maiasaura naissaient tous à peu près au même moment. Ils avaient déjà des dents pour mâcher. Leurs parents les nourrissaient et s'en occupaient très attentivement.

Les bébés de maiasaura étaient d'abord petits et faibles. Ils devaient rester dans le nid jusqu'à ce qu'ils puissent se débrouiller tout seuls.

Mais d'autres petits quittaient le nid très tôt pour rechercher leur nourriture. Nous le savons grâce aux coquilles des œufs.

Les coquilles des œufs de maiasaura étaient brisées, piétinées par les jeunes restés au nid. Celles des œufs d'hypsilophodon étaient presque intactes, car les petits quittaient très tôt leur nid.

35

Vivre en meutes

De nombreux dinosaures grandissaient et vivaient en meutes pour se protéger mutuellement.

Un énorme tyrannosaure attaque des tricératops. Que peut faire le troupeau ? Les jeunes et les plus faibles se regroupent au milieu pour se protéger.

Les grands mâles forment un cercle autour du troupeau et pointent leurs cornes, prêts à se battre.

Le tyrannosaure renonce, mais il reviendra bientôt pour s'emparer d'un petit égaré ou d'un animal malade, séparé du groupe. C'est un chasseur redoutable.

Le cri des dinosaures

Tous les dinosaures poussaient des cris.
Mais les plus bruyants étaient les hadrosaures,
ou dinosaures à bec de canard. Ils couinaient,
mugissaient ou meuglaient.
Le gros museau de l'edmontosaure était
recouvert d'une peau souple. Elle se remplissait
d'air et vibrait à grands bruits. L'edmontosaure
était plus gros et plus bruyant qu'une
grenouille qui coasse grâce à sa poche vocale.

Le parasaurolophus était un autre dinosaure
à bec de canard. Sa curieuse crête était formée
de tubes. Quand le parasaurolophus soufflait
fort, il se mettait à sonner comme une
trompette ou un trombone.
Tous les animaux poussent des cris pour
se localiser, pour se reconnaître entre eux,
ou pour annoncer un danger. Il semble que
les dinosaures le faisaient aussi.

Se nourrir

Beaucoup de dinosaures herbivores, qui mangent des plantes, se déplaçaient sur de longues distances, en troupeaux de centaines d'animaux, à la recherche de nouvelles terres pour se nourrir.
Nous le savons en observant des roches recouvertes d'empreintes de pas.

Des empreintes, comme celles-ci, montrent
qu'il y a des millions d'années des
douzaines d'apatosaures marchaient
tous dans la même direction.
Au milieu du troupeau,
les petits étaient protégés
par les dinosaures adultes.

Les herbivores

La plupart des dinosaures étaient des herbivores. À cette époque, il n'y avait pas d'herbe mais différentes sortes de feuilles, de fruits, de racines et de cônes.

L'edmontosaure et d'autres dinosaures à bec de canard étaient des herbivores.

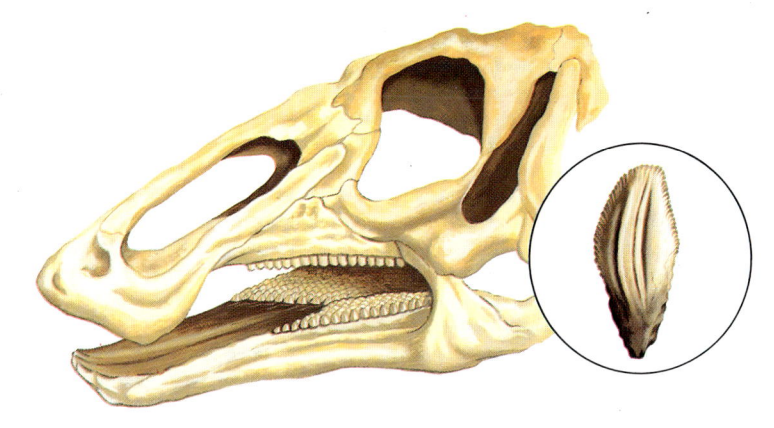

Le crâne de l'edmontosaure se terminait par un bec osseux qui lui permettait d'arracher des plantes. L'arrière de ses mâchoires comportait des douzaines, parfois des centaines de dents, pour mâcher et broyer sa nourriture.

Les dents de l'edmontosaure s'usaient à force de mâcher et de broyer. D'autres dents les remplaçaient au fur et à mesure.

Ces herbivores avalaient des cailloux, comme le font certains oiseaux aujourd'hui, pour broyer la nourriture dans leur estomac.

Les carnivores

Certains dinosaures étaient carnivores. Les petits carnivores se nourrissaient de lézards, de grenouilles et d'autres animaux de cette taille. Les grands carnivores dévoraient d'autres dinosaures.

Les carnivores avaient de solides mâchoires. Leurs dents pointues et recourbées vers l'arrière déchiraient facilement la chair.

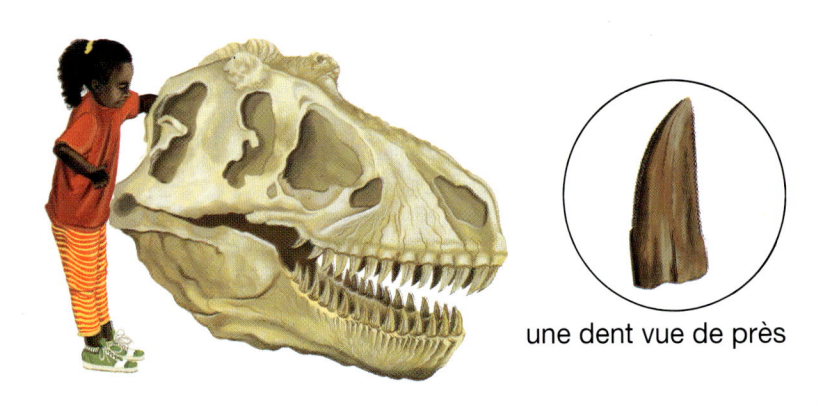

une dent vue de près

Le tyrannosaure rex était le plus grand des carnivores. Il aurait pu te dévorer en deux bouchées !

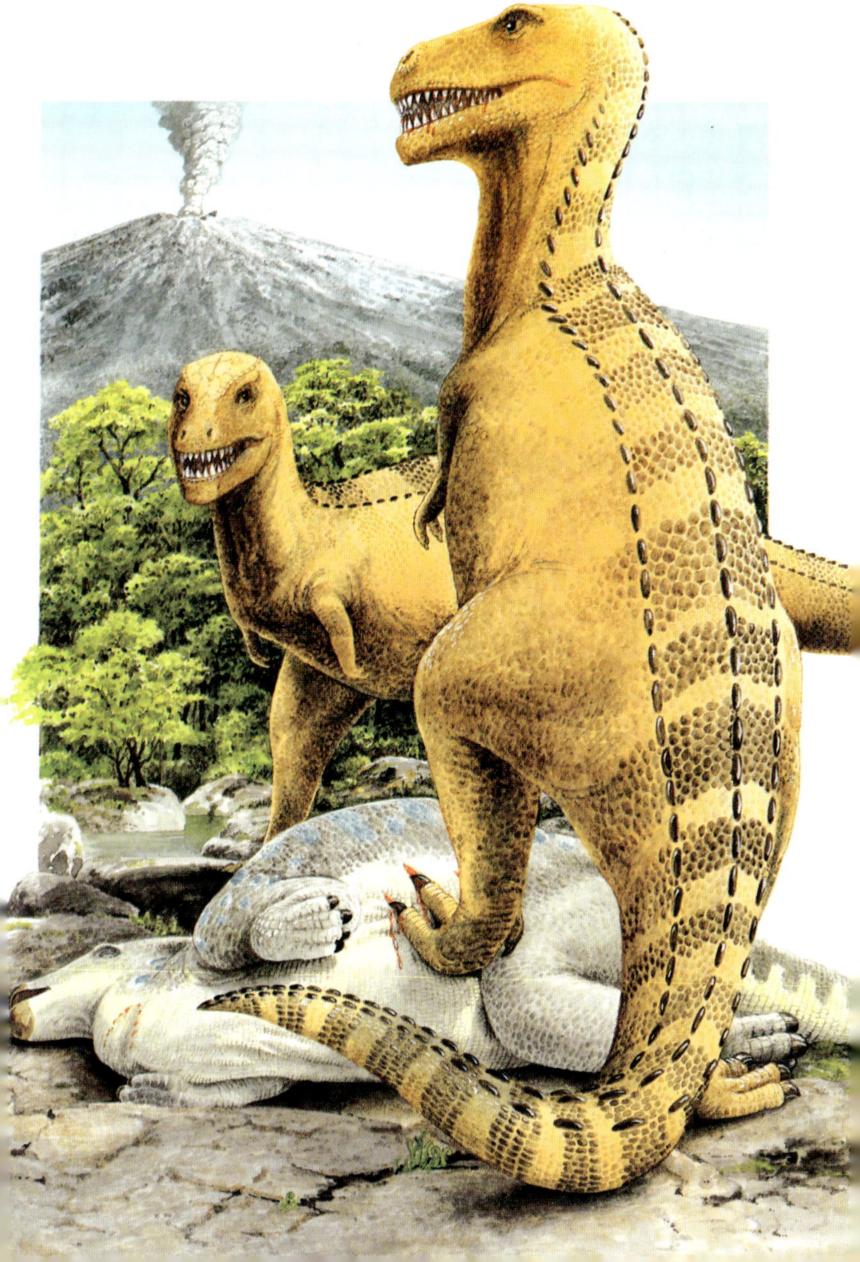

À la chasse

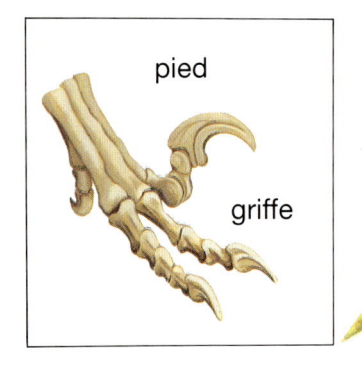

main de deinonychus

pied

griffe

Le deinonychus était un carnivore féroce. Léger et rapide, il avait aussi une bonne vue. Il avait de longues griffes pour attraper sa proie. Une terrible griffe sur sa patte de derrière servait à déchirer la peau de l'animal qu'il attaquait et à le découper.

Le deinonychus mesurait moins de 2 m
de haut, à peu près la taille d'un homme.
Il avait un grand crâne avec un gros cerveau.
Son intelligence lui permettait de chasser en
meutes pour capturer de grands dinosaures,
qu'il dévorait ensuite.

Pour se défendre

Les dinosaures herbivores devaient se défendre contre les carnivores. Ils avaient développé des moyens très efficaces. Le tricératops portait 3 cornes pour se défendre. Une collerette osseuse protégeait son cou.

Chaque main de l'iguanodon avait 2 pouces en forme de poignard. Un vilain coup porté par l'un d'eux faisait fuir ses ennemis.

Même des géants comme le diplodocus avaient besoin de moyens de défense. Le diplodocus se servait de sa longue queue comme d'un fouet pour faire fuir les carnivores.

La tête et le dos de l'ankylosaure étaient recouverts d'une cuirasse osseuse, qui les protégeait. Sa queue se terminait par une massue.

Adroits ou stupides ?

On a tendance à penser que les dinosaures étaient lents, maladroits et stupides, car leurs cerveaux étaient petits.

Ainsi, le stégosaure pesait 2 ou 3 tonnes, le poids d'un éléphant, et avait un cerveau de la taille d'une noix...

Le stégosaure n'avait peut-être pas besoin d'un gros cerveau. Après tout, il était grand et se trouvait ainsi protégé de la plupart de ses ennemis.
Il pouvait brouter paisiblement.

cerveau de stégosaure

D'autres dinosaures étaient beaucoup plus adroits. Le sténonychosaure, par exemple, était un petit carnivore rapide. De grands yeux et un odorat développé lui permettaient de trouver ses proies, qu'il capturait de ses doigts longs et forts. Il avait donc besoin d'un cerveau plus perfectionné.

Courir, marcher

Certains dinosaures étaient très rapides pour s'échapper ou poursuivre leur proie.
Le struthiomimus était l'un des plus vifs.

Les traces de pas permettent de savoir comment les dinosaures marchaient et couraient.

Pendant la marche, l'iguanodon reposait sur ses 4 pattes. Mais, pour courir, il se redressait sur ses pattes arrière.

Les paléontologues ont estimé la vitesse d'un dinosaure en comparant la longueur de ses pattes à celle de ses traces de pas. Plus un dinosaure courait vite, plus l'espace entre deux traces était grand.

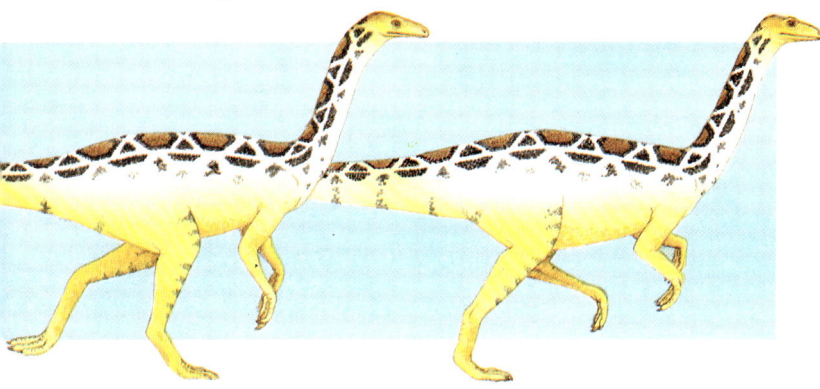

Le mégalosaure, un grand carnivore, a laissé des traces de pas à 3 doigts. Celles-ci montrent qu'il se tenait toujours sur ses pattes arrière.

53

Sang chaud, sang froid ?

stégosaure

Les animaux à sang chaud produisent de la chaleur. Les reptiles, eux, ont le sang froid. Cela veut dire que, si l'atmosphère est chaude, ils sont actifs et chauds et que, si elle est froide, ils sont calmes et froids. Les dinosaures étaient des reptiles, mais avaient-ils le sang froid ? Les paléontologues n'en sont pas certains.

Le stégosaure utilisait peut-être les plaques de son dos pour capter la chaleur du soleil le matin. Les petits dinosaures rapides avaient peut-être le sang chaud ainsi que les grands dinosaures, qui étaient trop massifs pour que leur corps dégage de la chaleur.

diplodocus

deinonychus

La nuit

Quand le soleil se couchait et que la température baissait, les dinosaures trouvaient un endroit pour dormir.

Les petits mammifères à sang chaud sortaient alors en sécurité de leur terrier pour se nourrir d'insectes et de fruits.

Au lever du soleil, le tyrannosaure devait grogner et s'étirer, pendant que son corps se réchauffait peu à peu. Quand il se levait, cet énorme animal devait utiliser ses petits bras pour garder l'équilibre (1). Il remontait d'abord ses pattes postérieures (2), puis renversait la tête (3) et se redressait (4).

Sais-tu que...

Les premiers nids de dinosaures furent trouvés dans le désert de Gobi, en Mongolie. Il s'agissait d'œufs de protocératops, découverts par une expédition américaine en 1920.

Les paléontologues ont d'abord pensé que les dinosaures à bec de canard passaient beaucoup de temps dans l'eau, comme les canards, et que le parasaurolophus utilisait sa crête comme un périscope, pour respirer sous l'eau. Maintenant, plus personne ne croit à ces idées.

C'est dans le Connecticut, aux États-Unis, que les premières empreintes de pas furent découvertes. À cette époque, on croyait qu'elles appartenaient à un oiseau géant. Maintenant, on sait que ce sont celles d'un dinosaure, l'anchisaurus.

L'évolution

L'apparition de la vie

Les dinosaures n'ont pas été les premiers êtres vivants sur la planète.

Pour mieux comprendre l'évolution de la vie sur Terre, imagine que l'âge de la Terre correspond à un jour et à une nuit, soit à 24 heures. Il est maintenant minuit. L'apparition des hommes aurait eu lieu une minute avant minuit. Nous venons de naître ! Les dinosaures, eux, seraient apparus vers 11 heures. Mais bien d'autres animaux existaient avant eux.

La Terre s'est
formée il y a 4 milliards
600 millions d'années.
La vie est née dans les
mers. Des petites cellules,
les algues et les bactéries,
furent les premiers êtres vivants.
À partir de ces cellules, des plantes
et des animaux plus gros se sont
développés. Cela a pris des millions
d'années.

L'apparition des dinosaures remonte à
230 millions d'années.
Ils ont disparu il y a 65 millions d'années.
Les premiers hommes ont vécu
il y a 5 millions d'années.

Les premiers animaux

La vie est apparue dans la mer il y a 3 milliards 500 millions d'années, bien avant les dinosaures.

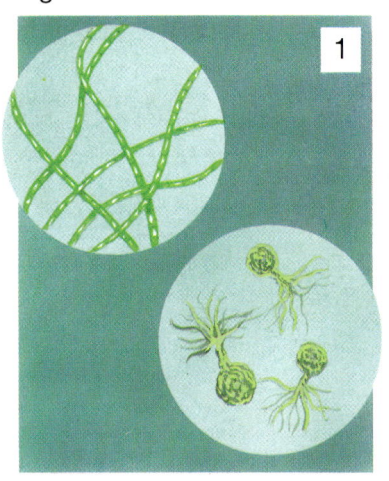

algue

méduse

bactérie

Les premiers êtres vivants furent de petites cellules, comparables aux algues et aux bactéries d'aujourd'hui (1). Des animaux plus développés, comme la méduse (2), apparaissent plus tard. Viennent ensuite les animaux à coquille (3).

Les trilobites n'existent plus. Mais d'autres espèces ressemblaient à des animaux marins qui vivent encore aujourd'hui.

poisson
crevette
étoile de mer
éponges
trilobite
coraux
brachiopodes
vers

Les premiers poissons

Les poissons furent les premiers animaux à vertèbres. Tous les animaux qui ont des os, même les hommes et les dinosaures, ont une parenté avec les poissons.

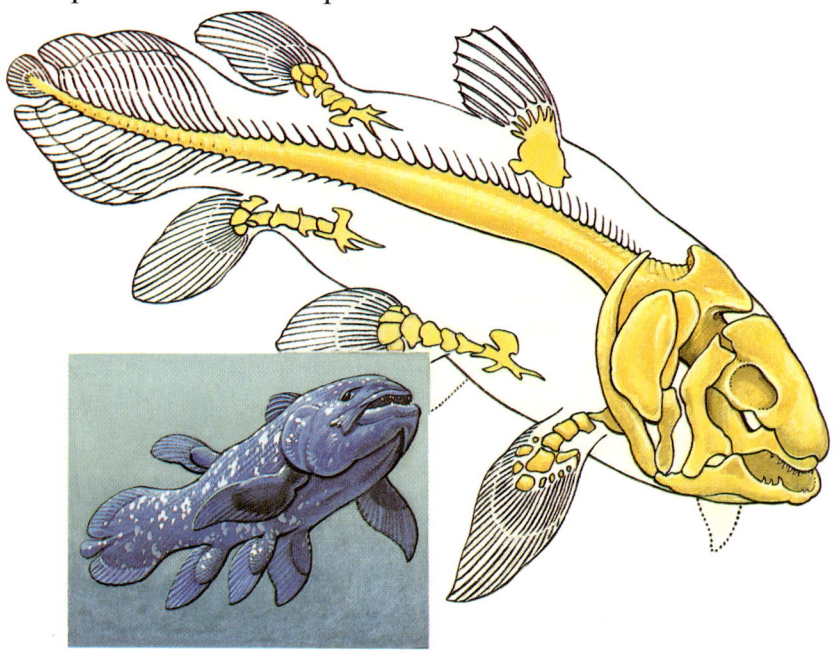

cœlacanthe

Les cœlacanthes vivaient il y a 400 millions d'années. Il en existe encore aujourd'hui dans l'océan Indien.

Les premiers poissons étaient recouverts d'une cuirasse osseuse. Le dunkleosteus était un carnivore géant, la terreur des mers.

Les premiers amphibiens

Il y a environ 380 millions d'années, des poissons ont réussi à vivre hors de l'eau. Leurs nageoires se sont transformées en pattes et ils ont pu marcher. Ces nouveaux animaux furent les premiers amphibiens.

L'ichthyostega avait 7 doigts aux pattes.

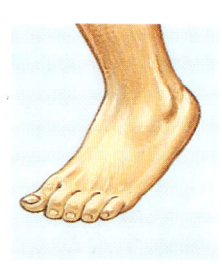

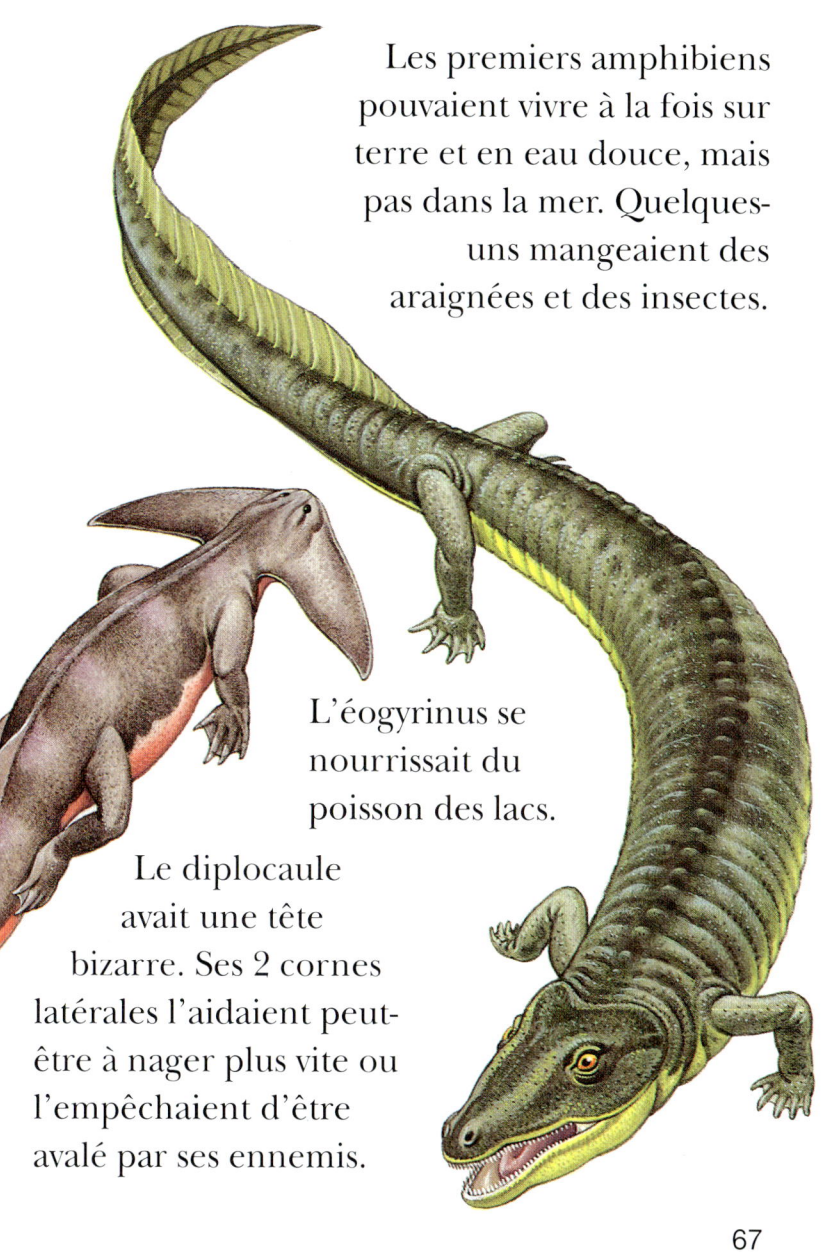

Les premiers amphibiens pouvaient vivre à la fois sur terre et en eau douce, mais pas dans la mer. Quelques-uns mangeaient des araignées et des insectes.

L'éogyrinus se nourrissait du poisson des lacs.

Le diplocaule avait une tête bizarre. Ses 2 cornes latérales l'aidaient peut-être à nager plus vite ou l'empêchaient d'être avalé par ses ennemis.

Les premiers reptiles

Après les amphibiens, les reptiles apparaissent.

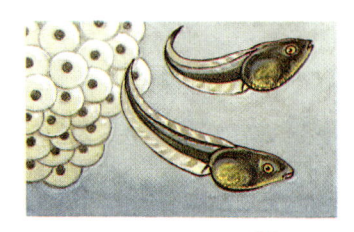

Les amphibiens pondent leurs œufs dans les rivières ou dans les mares. Ces œufs sont mous comme de la gelée.
Des têtards en sortent.

Les reptiles pondent leurs œufs sur la terre ferme. Dans la coquille dure, le petit se nourrit du jaune jusqu'à ce qu'il soit assez fort pour éclore.

L'hylonomus fut l'un des premiers reptiles. Il a vécu il y a 320 millions d'années au Canada et avait la taille d'un lézard.

Le dimétrodon était plus grand. Il atteignait 3 m de long. Tu peux voir pourquoi les paléontologues l'ont appelé « voile sur le dos ».

Cette voile captait peut-être la chaleur du soleil le matin, pour aider le dimétrodon à se réchauffer. Si celui-ci avait trop chaud dans l'après-midi, elle pouvait libérer de la chaleur afin de le rafraîchir.

Les reptiles marins

Pour se nourrir, certains reptiles sont retournés dans la mer. (Les reptiles marins vivaient en même temps que les dinosaures.)
Les nothosaures pouvaient vivre sur la terre et dans la mer. Ils avaient probablement des pattes palmées, qui les aidaient à nager.

Les ichthyosaures ressemblaient à de grands dauphins. Ils avaient des nageoires à la place des pattes et une grande nageoire sur la queue. Ils ne pouvaient retourner sur terre pour pondre leurs œufs. Leurs bébés naissaient donc dans l'eau. Un squelette nous a permis de savoir que le petit naissait la queue la première.

squelette d'une femelle et de son petit en train de naître
▼

Que mangeaient-ils ?

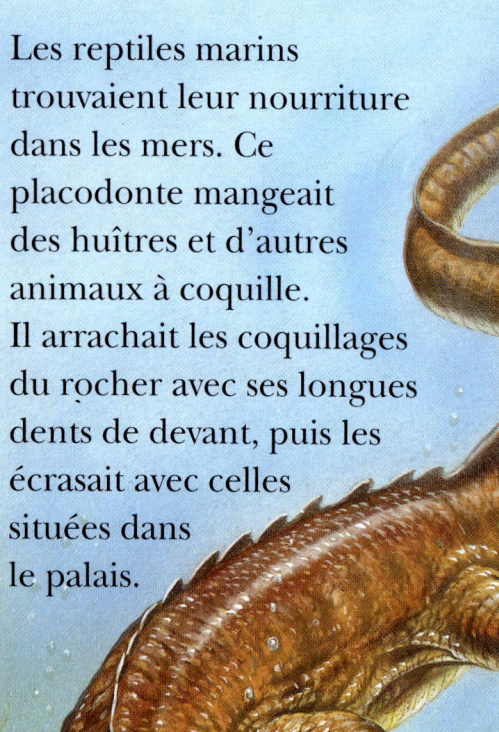

Les reptiles marins trouvaient leur nourriture dans les mers. Ce placodonte mangeait des huîtres et d'autres animaux à coquille. Il arrachait les coquillages du rocher avec ses longues dents de devant, puis les écrasait avec celles situées dans le palais.

Il recrachait les coquilles avant d'avaler la chair de ses proies.

De nombreux reptiles marins mangeaient des ammonites. Ces animaux ont des coquilles enroulées, de formes et de tailles différentes. Parfois, certaines portent des traces de dent !

Une ammonite ressemblait à une pieuvre avec de grands yeux. Elle capturait ses proies à l'aide de longs bras, les tentacules. En cas de danger, elle fuyait en lançant un jet d'eau qui la propulsait. Le nuage d'encre qu'elle crachait la dissimulait à ses ennemis.

Un très long cou

Certains reptiles marins possédaient les avantages des deux mondes. Le tanystropheus chassait des proies sur terre et pêchait des poissons dans la mer.

Son très long cou, démesuré, lui permettait de plonger loin sous l'eau pour attraper les poissons. Ce cou n'avait que 12 vertèbres, mais chacune d'elles mesurait plus de 30 centimètres de long. (Celles de ton cou ne font que 2 cm.)

Les jeunes avaient un cou plus court et se nourrissaient d'insectes. Pendant leur croissance, leur cou s'allongeait. Ils pouvaient alors capturer des poissons.

La tête ou la queue ?

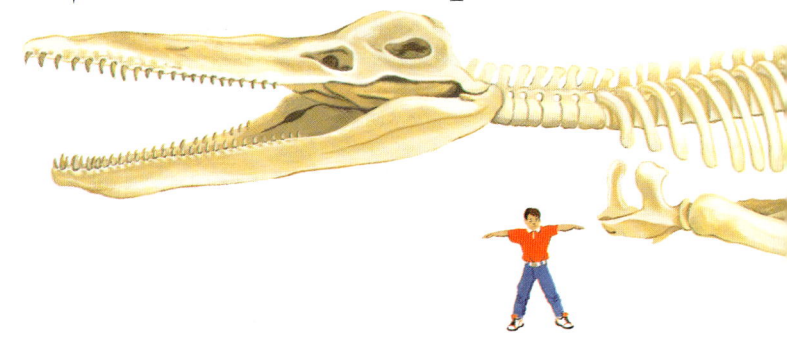

Les plésiosaures et les pliosaures étaient des reptiles marins qui vivaient à l'époque des dinosaures.
Les plésiosaures avaient un crâne plus petit que les pliosaures, une queue courte et un long cou.

Edward Cope, un paléontologue américain, fit un jour une reconstitution de l'élasmosaure. Mais il se trompa.

kronosaurus

Le crâne des pliosaures était énorme, leur cou était court et leur queue longue.

Le kronosaurus était l'un des plus grands pliosaures. Il atteignait 15 m de long et son crâne géant avait la taille d'une voiture.

Othoniel Marsh, lui, démontra que Cope avait mis la tête du plésiosaure au bout de sa queue !

Tortues et crocodiles

De nombreux reptiles terrestres et marins ont disparu depuis longtemps. Mais les lézards, les serpents, les tortues et les crocodiles vivent encore aujourd'hui.
L'archélon était une tortue gigantesque de 4 m de long. Il nageait dans les mers qui recouvraient l'Amérique du Nord, il y a 100 millions d'années.

Le deinosuchus était un autre monstre, plus grand que les crocodiles d'aujourd'hui. Le plus grand atteignait 16 m de long. L'apparition des crocodiles remonte à plus de 200 millions d'années, à peu près en même temps que celle des dinosaures. Personne ne sait comment les reptiles ont conquis la mer et la terre.

Les reptiles volants

L'icarosaure pouvait replier ses ailes…

Les reptiles ont conquis l'air il y a 250 millions d'années. Au début, ils ne volaient pas : ils planaient pour se déplacer d'arbre en arbre puisque les ailes des premiers reptiles, à la différence de celles des oiseaux, ne battaient pas et n'avaient pas de plumes.

... mais le cœlurosaure ne le pouvait pas.

Le longisquama était un petit reptile
qui avait de longues écailles formant des crêtes
rigides sur le dos. Celles-ci s'ouvraient
comme des ailes et permettaient au reptile
de planer. Mais il ne pouvait pas réellement
voler.

Des ailes sans plumes

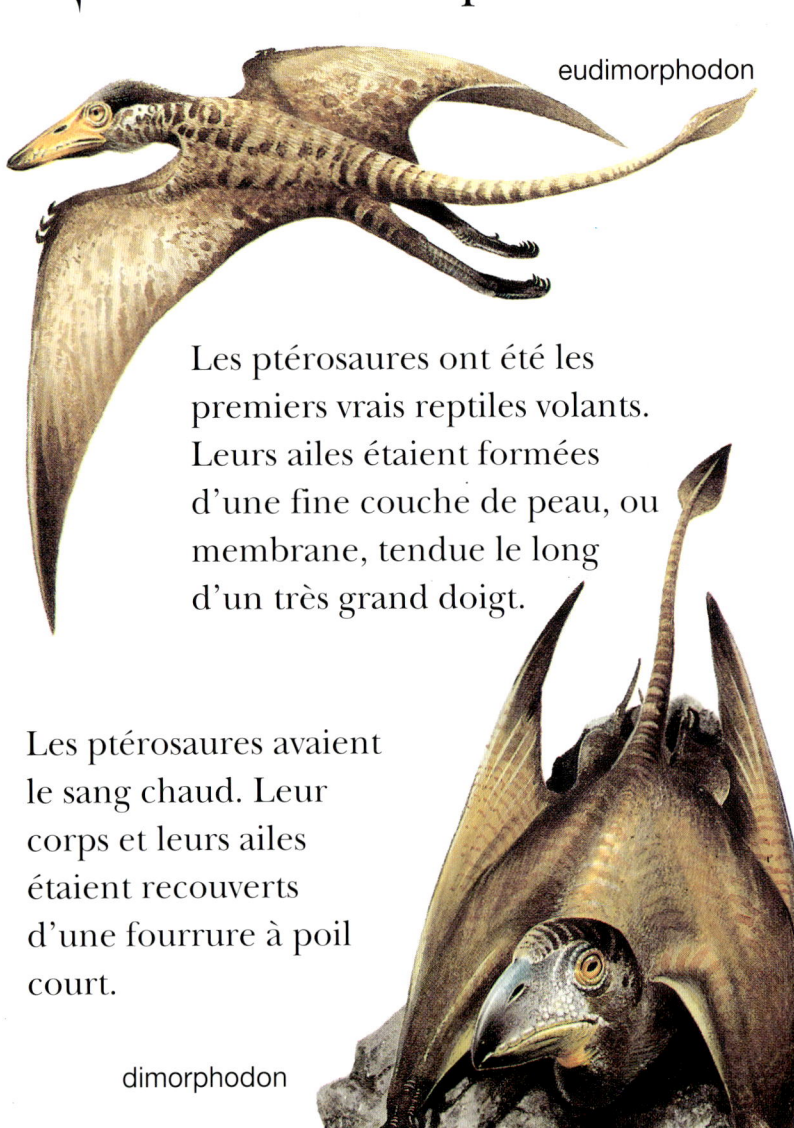

eudimorphodon

Les ptérosaures ont été les premiers vrais reptiles volants. Leurs ailes étaient formées d'une fine couche de peau, ou membrane, tendue le long d'un très grand doigt.

Les ptérosaures avaient le sang chaud. Leur corps et leurs ailes étaient recouverts d'une fourrure à poil court.

dimorphodon

rhamphorhynque

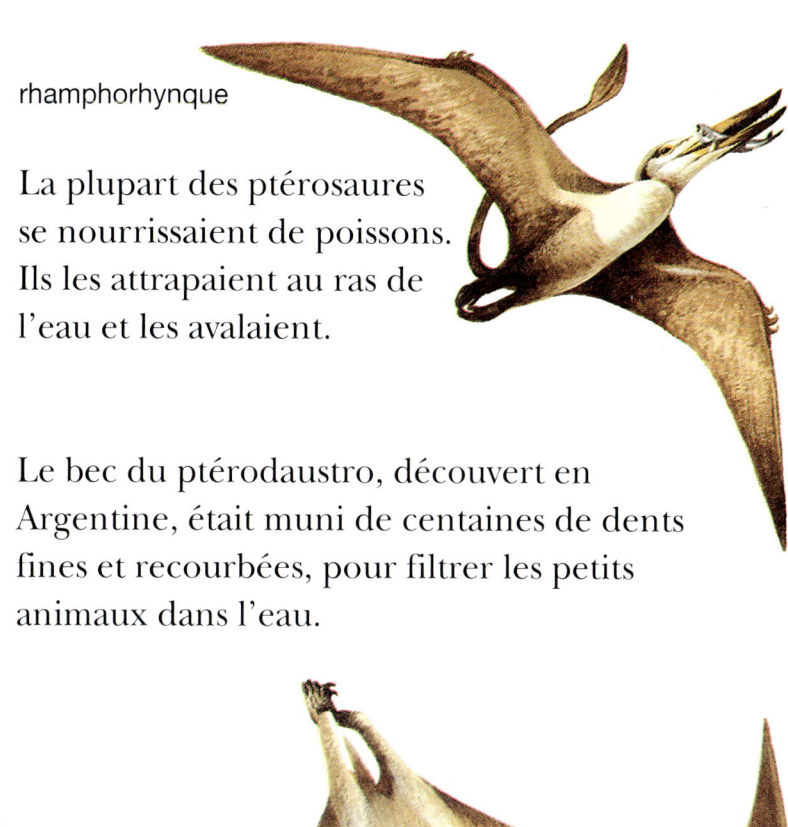

La plupart des ptérosaures se nourrissaient de poissons. Ils les attrapaient au ras de l'eau et les avalaient.

Le bec du ptérodaustro, découvert en Argentine, était muni de centaines de dents fines et recourbées, pour filtrer les petits animaux dans l'eau.

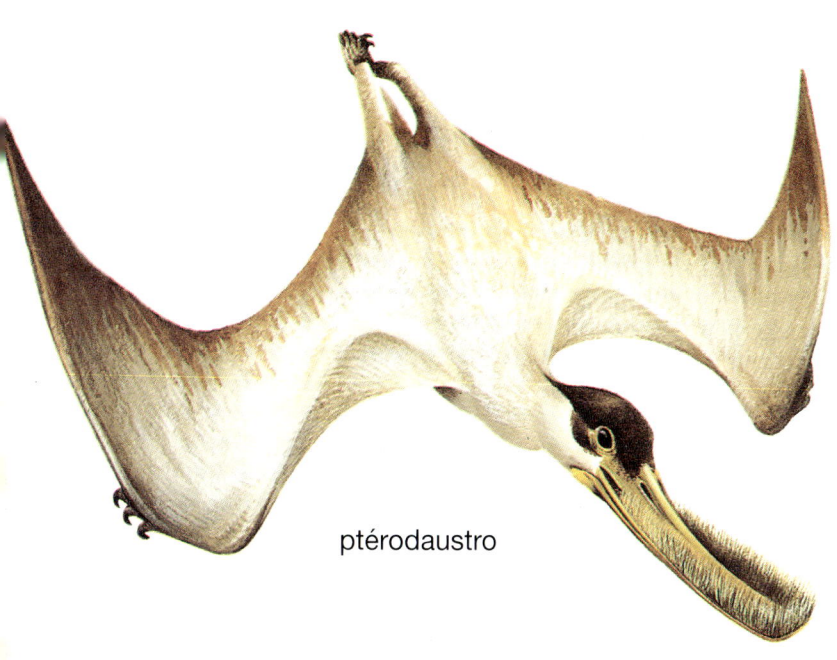

ptérodaustro

Les géants des airs

Les plus grands ptérosaures ressemblaient plus à des avions qu'à des oiseaux !

Le ptéranodon planait au-dessus d'une grande mer, qui s'étendait du Mexique à l'Alaska. Une fois déployées, les ailes de ce géant mesuraient 7 m.

Le plus grand animal volant
de tous les temps
fut le quetzalcoatlus.

Un squelette de quetzalcoatlus a été trouvé en 1970 aux États-Unis. Ce ptérosaure avait la taille d'un homme et les plus grandes ailes jamais vues : 14 m d'envergure.

Est-ce un oiseau ?

En 1860, l'empreinte d'une plume a été trouvée dans une carrière en Allemagne. Cela prouve qu'il y avait eu là un oiseau. Mais à quoi ressemblait-il ?

Un an plus tard, un squelette complet était découvert. La pierre révélait qu'il avait des plumes sur les ailes et sur la queue.

Âgé de 150 millions d'années, cet oiseau a donc vécu au temps des dinosaures. On l'appela l'archéoptéryx, c'est-à-dire « la vieille aile ».

De nombreux savants pensent que les dinosaures sont les ancêtres des oiseaux actuels.

Regarde par exemple l'éoraptor, le plus ancien dinosaure connu. Il ressemble à l'archéoptéryx et aux oiseaux d'aujourd'hui.

éoraptor

archéoptéryx

grand géocoucou

Apprendre à voler

Comment les oiseaux ont-ils appris à voler ?
Peut-être se sont-ils mis à battre des ailes en
sautant d'arbre en arbre.

Peut-être, quand ils poursuivaient des insectes pour se nourrir, ont-ils battu des ailes et se sont-ils élevés dans les airs. Un oiseau, pour voler, ne doit pas être lourd. Son corps et sa structure facilitent le vol.

Les oiseaux de mer

Les oiseaux actuels
n'ont pas de dents.
Mais les premiers
oiseaux avaient des
petites dents pointues.
L'ichthyornis, un oiseau de mer, a vécu
70 millions d'années après l'archéoptéryx.
Comme la mouette, il planait au-dessus des
vagues (1) et plongeait en plein vol sur les
poissons (2).

À la même époque vivait l'hesperornis, un autre oiseau de mer. Ses ailes étaient réduites et il ne pouvait voler.

L'hesperornis vivait comme les pingouins. Au lieu de voler, il se laissait glisser des rochers, nageait (1), puis plongeait pour attraper des poissons (2).

Des pattes fortes et trapues, aux pieds palmés, faisaient de l'ichthyornis et de l'hesperornis de bons nageurs.

1

2

Sais-tu que...

L'ichthyosaure avait des anneaux osseux autour des yeux, qui protégeaient ceux-ci de la pression de l'eau lorsque le dinosaure plongeait profondément pour pêcher des poissons.

Les premières tortues avaient des dents. Aujourd'hui, les tortues n'ont plus de dents, mais un bec tranchant.

Les premiers crocodiles couraient sur leurs pattes arrière et mangeaient des insectes. Bien après, ils se sont mis à nager et à se nourrir de poisson.

Un animal, appelé protoavis, a été découvert aux États-Unis. Il a vécu 50 millions d'années avant l'archéoptéryx. C'était peut-être un oiseau.

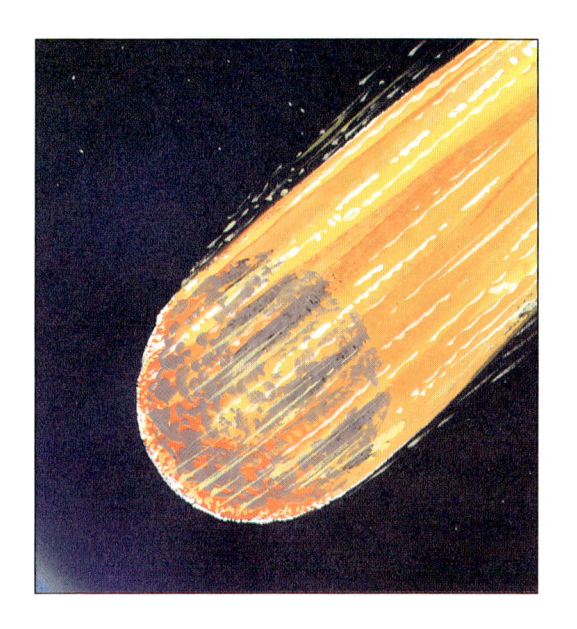

Après les dinosaures

La fin des dinosaures

	trias	jurassique
paléozoïque		mésozoïque

Les dinosaures ont parcouru le monde pendant 165 millions d'années, depuis le trias jusqu'à la fin du crétacé. Puis, nous n'avons plus aucune trace d'eux. Les grands reptiles marins, les ammonites et les ptérosaures, ont aussi disparu.

disparus

crétacé

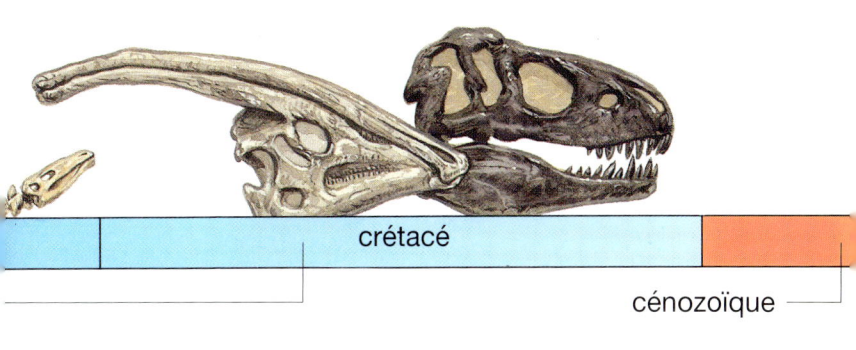

cénozoïque

Mais beaucoup d'autres animaux ont survécu. Les insectes, les poissons, les grenouilles, les tortues, les crocodiles, les lézards, les serpents, les oiseaux et les mammifères vivent encore aujourd'hui.

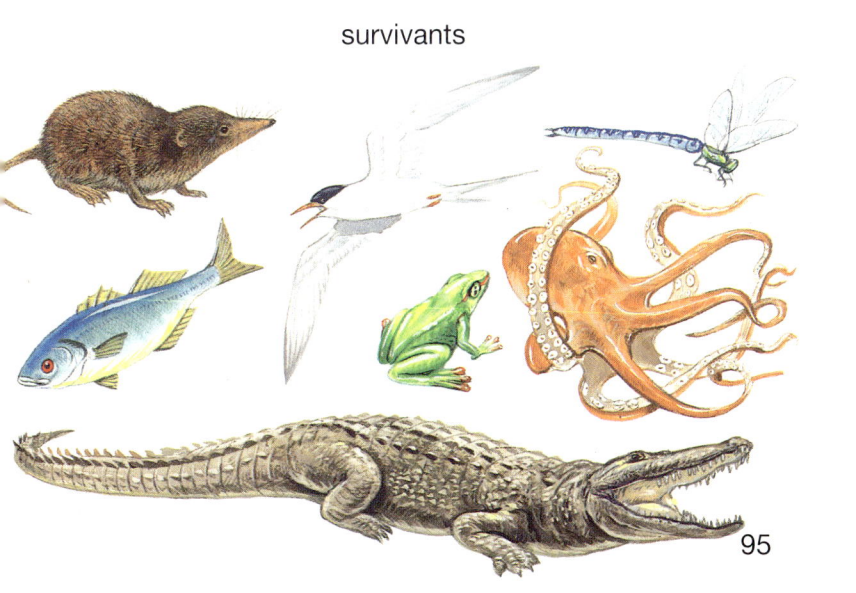

survivants

Pourquoi ont-ils disparu ?

Depuis la première découverte d'un os de dinosaure, les paléontologues du monde entier essaient de comprendre pourquoi les dinosaures ont disparu.

Mais personne ne sait aujourd'hui ce qui est vraiment arrivé. Il existe plusieurs explications, sérieuses ou non.

Les dinosaures étaient peut-être stupides. Si cela est vrai, alors pourquoi ont-ils vécu aussi longtemps ?

Les mammifères ont peut-être dévoré leurs œufs. Mais pourquoi ne l'ont-ils pas fait plus tôt ?

Des savants se demandent si le climat ne s'est pas refroidi sur la Terre. Les dinosaures ne pouvaient pas vivre sans chaleur...

De nouvelles plantes auraient peut-être empoisonné les dinosaures. Mais ils pouvaient en manger d'autres !

Les dinosaures étaient peut-être trop gros. Mais les petits ont disparu, eux aussi.

Une grande catastrophe

Les dinosaures ont peut-être été tués par une météorite, une énorme boule de métal qui traverse l'espace à toute vitesse.

Une météorite de 10 km de large se serait écrasée sur la Terre, il y a 65 millions d'années.

Le choc aurait projeté un immense nuage de poussière dans le ciel, empêchant les rayons du soleil de réchauffer la Terre. L'air serait devenu froid, les plantes seraient mortes et les dinosaures auraient péri.

Premiers mammifères

Les premiers mammifères ont vécu en même temps que les dinosaures. Mais, contrairement à eux, ils ont survécu jusqu'à aujourd'hui.

Le plésiadapis se nourrissait d'insectes et vivait dans les arbres, comme un singe.

Le barylambda était plus grand et vivait sur le sol. C'était un herbivore.

Les premiers mammifères avaient la taille d'un rat. Peu après sont apparus des singes, des cochons, des chevaux, des loups, etc.
Après la disparition des dinosaures, les mammifères se sont développés rapidement. Ils sont le groupe d'animaux qui a le cerveau le plus développé. Nous sommes des mammifères.

Le premier cheval, l'hyracothérium, était minuscule. Il se nourrissait de feuilles.

Le premier mammifère carnivore était l'andrewsarchus.

Herbivores et chasseurs

Il y a 30 millions d'années, les premières herbes ont poussé sur la Terre. Avant, les herbivores se nourrissaient des feuilles des arbres en forêt. La prairie représente pour eux un nouveau milieu naturel et une nouvelle source de nourriture. D'autres herbivores sont apparus.

brontotherium

archaeotherium

poebrotherium

palaeolagus

D'autres animaux carnivores dangereux ont aussi vu le jour. L'hoplophoneus était un chat qui chassait les petits herbivores. Le cynodictis était aussi un chasseur, mais il ressemblait à un chien. Le gomphotherium était probablement trop gros pour être attaqué.

gomphotherium

hoplophoneus

cynodictis

L'âge glaciaire

Pendant le dernier million d'années, l'Europe et l'Amérique du Nord ont été recouvertes de glace. La fourrure des mammifères est devenue plus épaisse, afin de conserver leur chaleur.

mammouth laineux

smilodon

Pour se nourrir, les premiers hommes chassaient les mammifères.

bison à fourrure

Il n'y avait pas de glace là où vivaient ces grands animaux.

kangourou géant d'Australie

moa de Nouvelle-Zélande

Sais-tu que...

De toutes les disparitions, celle des dinosaures à la fin du mésozoïque n'est pas la plus importante. Deux ou trois fois plus d'espèces ont disparu à la fin du paléozoïque.

Des savants pensent que des météorites s'écrasent sur la Terre tous les 26 millions d'années. Si cela est vrai, la prochaine météorite devrait atteindre la Terre dans 13 millions d'années !

Les primates sont l'un des groupes de mammifères les plus anciens. Les singes et l'homme en font partie.

L'indricotherium, un rhinocéros à long cou, est le plus grand mammifère jamais découvert. Il atteignait 5 m de haut et pesait presque 30 tonnes. Mais il était encore beaucoup plus petit que le plus grand des dinosaures.

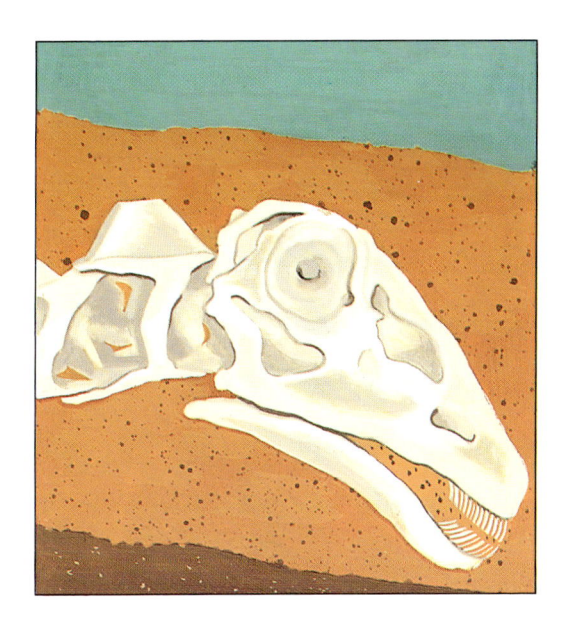

Découvrir les dinosaures

Les chasseurs de fossiles

On connaît les dinosaures depuis moins de 200 ans. D'énormes os avaient été trouvés dans des carrières, mais personne ne pouvait les identifier. Étaient-ce des os d'éléphants, de dragons ou de géants ? En 1822, Georges Cuvier les identifia comme étant des os de reptiles géants.

Georges Cuvier

les reptiles

William Buckland

Gidéon et Marie Mantell

En 1825, William Buckland a donné le premier un nom à un dinosaure : le megalosaurus, ce qui signifie « le grand lézard ». En 1825, Gidéon Mantell a découvert un autre dinosaure qu'il nomma iguanodon.

En 1842, Richard Owen a inventé le nom de dinosaure, ou « terrible lézard ». Entre 1870 et 1900, Othoniel Marsh et Edward Cope ont trouvé des douzaines de dinosaures en Amérique du Nord.

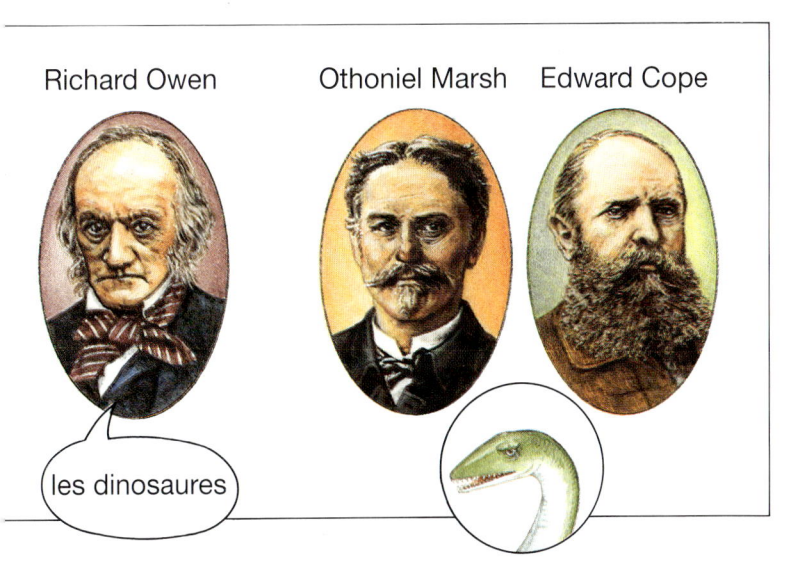

Richard Owen   Othoniel Marsh   Edward Cope

les dinosaures

Qu'est-ce qu'un fossile ?

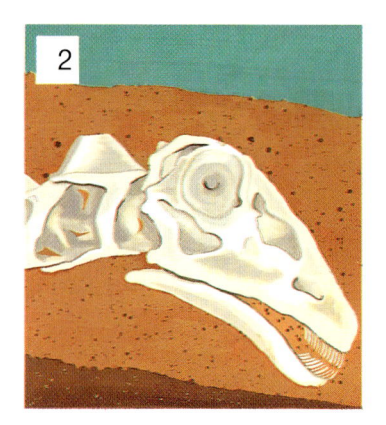

Les os de dinosaures et leurs empreintes sont des exemples de fossiles. Les fossiles sont des restes de plantes et d'animaux qui ont poussé ou vécu il y a très longtemps. On les trouve dans la roche. Pourquoi ?

Il y a 150 millions d'années, le diplodocus est mort (1). Sa chair s'est décomposée (2). Son squelette a été recouvert par de la boue, un mélange de terre et d'eau (3). Quand l'eau s'est évaporée, la terre a durci avec le squelette, qui s'est ainsi fossilisé (4).

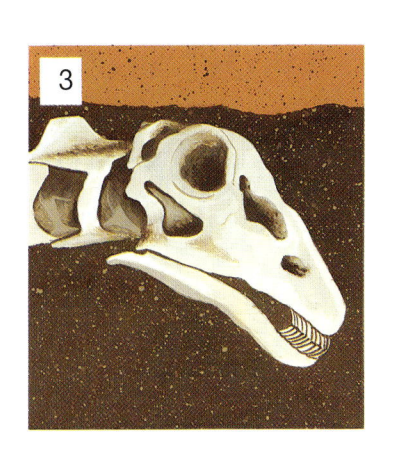

Cette araignée a été
piégée dans la sève collante
d'un arbre. La sève a durci,
elle est devenue de l'ambre, et
l'araignée a pu être conservée.

Ce mammouth a été
pris dans les glaces de
Sibérie, il y a des
centaines d'années.
Ainsi, sa peau et ses
poils ont été conservés.

Fouiller le sol

Les paléontologues fouillent le sol à la recherche de dinosaures. Le terrain est d'abord déblayé (1). On enlève ensuite avec soin la roche autour des os, à l'aide de petits outils et de pinceaux (2). La position des os est dessinée sur un plan (3).

Les os sont recouverts de bandes de tissu, trempées dans du plâtre (4). On numérote aussi (5) cette coque qui les protège, avant de les transporter (6). Ils sont enfin étudiés dans un musée ou un laboratoire.

Reconstituer un dinosaure

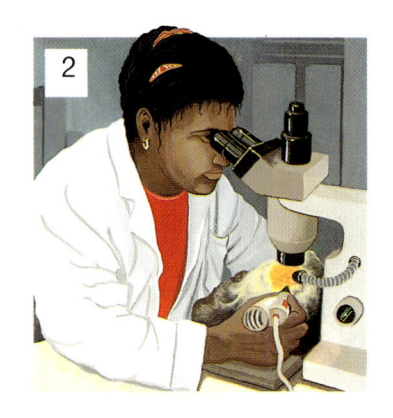

Au laboratoire, des techniciens coupent la coque de plâtre (1). Les os sont ensuite nettoyés avec soin, parfois sous un microscope, à l'aide d'une fraise (2). Ils sont imprégnés de colle, ce qui les durcit et les protège de la poussière.

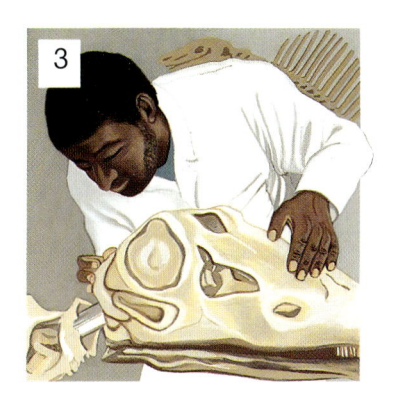

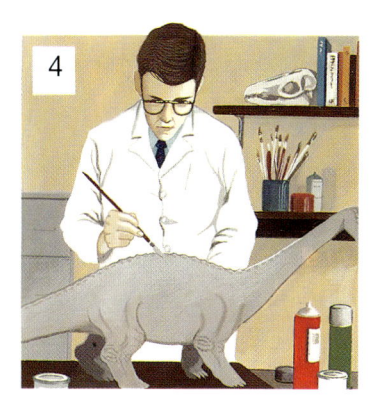

Après ce nettoyage, les os du squelette sont
assemblés sur une armature de métal ou de
plastique (3). Un dinosaure a plus de 300 os.
Un artiste fabrique un modèle réduit du
dinosaure (4),
qui est prêt
à être exposé.

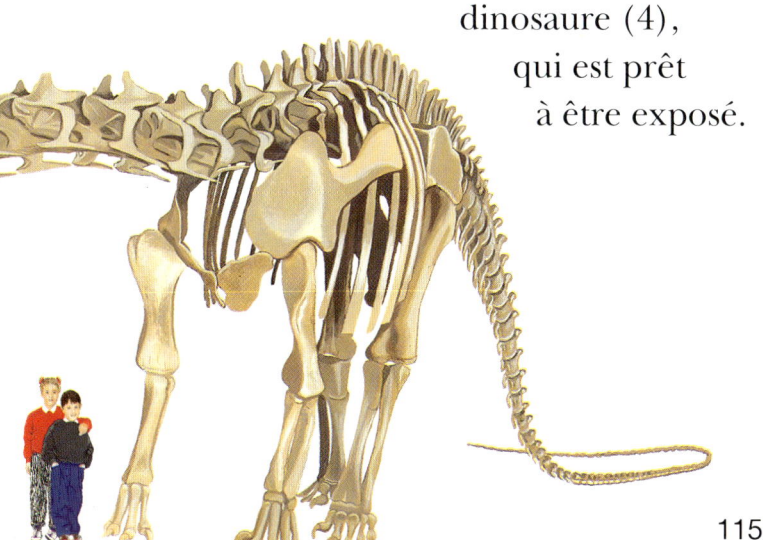

Des musées à visiter

En France, comme à l'étranger, tu peux voir des fossiles de dinosaures ou des reconstitutions dans ces principaux musées (classés par ville) :

Lons-le-Saunier : musée d'Histoire naturelle de la ville. On peut y voir des découvertes récentes de platéosaure, ainsi qu'une reconstitution de ce dinosaure.
Marseille : Muséum d'histoire naturelle. Collection d'œufs fossiles de la montagne de la Sainte-Victoire, le plus riche gisement d'œufs de dinosaures au monde. C'est là que fut identifié le premier œuf de dinosaure.
Paris : galerie de paléontologie du Muséum national d'histoire naturelle.

Bâle, en Suisse : musée d'Histoire naturelle ;
Genève, en Suisse : musée des Sciences naturelles de Genève ;
Bruxelles, en Belgique : Institut royal des sciences naturelles ;
Berlin, en Allemagne : musée de l'université Humboldt ;
Francfort, en Allemagne : musée Seckenberg ;
Vienne, en Autriche : musée d'Histoire naturelle ;
Varsovie, en Pologne : musée Ziemi (musée de la Terre) ;
Londres, en Grande-Bretagne : Muséum d'histoire naturelle ;
Madrid, en Espagne : musée d'Histoire naturelle ;
Milan, en Italie : musée d'Histoire naturelle ;`
Stockholm, en Suède : musée royal d'Histoire naturelle ;
Moscou, en Russie : musée de paléontologie de l'Académie des sciences.

Cherchons de A à Z

Aile 80-88
algue 61-62
alligator 21
allosaure 10
  (allosaurus)
ambre 111
ammonite 73, 94
amphibien 66-68
andrewsarchus 101
ankylosaure 20, 49
  (ankylosaurus)
apatosaure 41
  (apatosaurus)
archaeotherium 102
archélon 78
archéoptéryx 86-87, 92

Bactérie 61, 62,
barylambda 100
bébé dinosaure 34-37, 68, 71, 75
bison 105
brachiosaure 10, 19
  (brachiosaurus)
brontotherium 102
Buckland 108

Carnivore 23, 24, 33, 44, 46, 48-49, 53, 65, 101, 103
cénozoïque 95
cerveau 50-51
coelacanthe 64
coelophysis 16-17
coelurosaure 81
  (coelurosaurus)
compsognathus 19, 22
Cope 76-77, 109
coquille 62, 72-73
corne 12-13, 37, 48
crétacé 94
crête 30, 39, 58
crocodile 79, 92, 95
Cuvier 108
cynodictis 103

Deinonychus 8, 46-47, 55
deinosuchus 79
dent 13, 34, 43-44, 72-73, 83, 92
dimétrodon 69
dimorphodon 82

117

dinosaure à bec
  de canard 38-39,
  42, 58
diplocaule 67
  (diplocaulus)
diplodocus 9, 18-20, 49,
  55, 110-115
dryosaure 10
  (dryosaurus)
dunkleosteus 65

Edmontosaure 38, 44-45
  (edmontosaurus)
élasmosaure 76-77
  (elasmosaurus)
empreintes 13, 20, 40-41,
  52-53, 110
éogyrinus 67
éoraptor 26, 86
espèce 23-26, 106
eudimorphodon 82
évolution 61
extinction 106

Femelle 21, 30-31
fossile 14, 110

Gomphotherium 103
griffe 13, 46

Hadrosaure 38-39
herbivore 23, 24, 40,
  42-43, 48-49, 100
hesperornis 91
hommes 60-61, 105-106
hoplophoneus 103
hylonomus 68
hypsilophodon 28, 35
hyracotherium 101

Icarosaure 80
  (icarosaurus)
ichthyornis 90-91
ichthyosaure 71, 92
  (ichthyosaurus)
ichthyostega 66
iguanodon 12-13,
  48, 52, 109
indricotherium 106

Jurassique 94-95

Kangourou 105

kangourou géant 105
kronosaurus 77

Lézard 21
lézard à collerette 21
longisquama 81

Maiasaura 32-35
mâle 21, 30-31, 37
mammifère 56,
 95, 96, 100-105,
 106
mammouth 104, 111
Mantell 108-109
Marsh 77, 109
méduse 62
mégalosaure 53, 109
 (megalosaurus)
mésozoïque 94-95, 106
météorite 99, 106
moa 105
musées 8, 116

Nid 13, 32-35, 58
nothosaure 70
 (nothosaurus)

Œufs 13, 17, 32-35, 58,
 68, 71, 96
oiseau 86-91, 92, 95
ornithischien 22-25
Owen 26, 109

Pachycéphalosaure 31
 (pachycephalosaurus)
palaeolagus 102
paléontologue 14, 23, 58,
 76-77, 112-113
paléozoïque 94, 106
Pangée 28-29
parasaurolophus 30, 39, 58
peau 12, 17, 20-21
placodonte 72
plésiadapis 100
plésiosaure 76-77
pliosaure 76-77
plume 80, 86
poebrotherium 102
poisson 64-66, 74, 83,
 90-92, 95
protoavis 92
protocératops 23, 58
ptéranodon 84

119

ptérodaustro 83
ptérosaure 82-85, 94

Quetzalcoatlus 85

Ramphorhynque 83
  (ramphorhyncus)
reconstitution 8-9
reptile 17, 54,
  68, 70,
  78, 79
reptile marin 70-78, 94
reptile volant 80-85

Saurischien 22-25
sauropodomorphe 24
séismosaure 18
  (seismosaurus)
serpent corail 21
smilodon 104

stégosaure 10, 50, 55
  (stegosaurus)
sténonychosaure 51
  (stenonychosaurus)
struthiomimus 52

Tanystropheus 74-75
terrible lézard 16-17, 109
  (ou dinosaure)
théropode 24
trias 16, 94
tricératops 9, 36-37, 48
trilobite 63
tortue 78, 92, 95
tyrannosaure 19, 36-37,
  44-45, 57
  (tyrannosaurus [rex])

Vipère du désert 21